ALÉMDA**GUITARRA** RÍTMICA**LICKS**&**RIFFS**

Construa Riffs, Licks & Solos sobre os Desenhos de Acordes mais importantes na Guitarra Rock & Blues

SIMON**PRATT**

FUNDAMENTAL**CHANGES**

Além da Guitarra Rítmica – Licks & Riffs

Construa Riffs, Licks & Solos sobre os Desenhos de Acordes mais importantes na Guitarra Rock & Blues

ISBN: 978-1-78933-143-1

Publicado por **www.fundamental-changes.com**

Tradução: Elton Viana

www.fundamental-changes.com

Conteúdo

Introdução

Imagine entrar em uma loja de guitarras e escolher a sua guitarra favorita. Em seguida, ao sentar-se para tocar, ouvir *Stairway to Heaven* tocando à sua direita, *Sweet Child O' Mine* à sua esquerda e *Wonderwall* na sua frente. Tão logo você começa a tocar, todas as incontáveis horas dedicadas a músicas e peças parecem não significar coisa alguma. Quando estou ensinando música, chamo isso de "síndrome da loja de guitarras". Obviamente, ela não é limitada à loja de guitarras, mas abrange qualquer lugar onde uma performance seja necessária.

Apesar de a prática de músicas e peças ser essencial no estudo da guitarra, tornar-se um mestre em combinar acordes com passagens de guitarra solo é a única forma de nunca mais sofrer da "síndrome da loja de guitarras".

Neste livro, você aprenderá como misturar acordes abertos, acordes com capotraste, *power chords*, *double-stops*, tríades e acordes com pestana com os seus respectivos licks e desenhos de escalas.

Este livro é dividido em seções baseadas em gêneros específicos, para tornar mais fácil a consulta. A seção um chama-se "Essenciais" e foca em acordes abertos e com capotraste, os quais são associados à música acústica e folk. A seção dois foca no blues, e a seção três no rock.

Se a técnica de misturar guitarra rítmica com guitarra solo for nova para você, recomendo que você estude o livro do começo ao fim. Dessa forma, você aprenderá e desenvolverá as suas habilidades de forma lógica. Se você já é um adepto dessas técnicas e está apenas procurando novas ideias, sinta-se livre para começar o estudo por qualquer capítulo!

Este livro é recheado de ideias, para inspirar-lhe a ser tão criativo quanto possível. Recomendo que você aprenda os exemplos e separe os seus favoritos. Assim, você poderá utilizar cada um deles como modelo para criar as suas próprias ideias.

Na sua rotina de estudos, combine tocar sozinho com tocar com um metrônomo, com faixas de bateria, com backing tracks e com outros músicos. Isso torna o seu estudo amplo, o que irá lhe ajudar a aplicar as técnicas e ideias apresentadas neste livro.

Os arquivos de áudio para este livro estão disponíveis em: www.fundamental-changes.com. Acesse-os, assim você poderá ouvir como cada exemplo é tocado e *fraseado*.

Bons estudos!

Simon

* Todos os exemplos exibidos neste livro estão no tempo 4/4, exceto quando for explicitamente afirmado outro tempo *

Acesse os Áudios

Os arquivos de áudio para esse livro estão disponíveis para download gratuitamente em: **www.fundamental-changes.com**, e o link está no canto direito superior do site. Simplesmente selecione este livro no menu e siga as instruções para acessar o áudio.

Recomendamos que você baixe os arquivos diretamente no seu computador, não no seu tablet, e extraia-os lá antes de adicioná-los à sua biblioteca de mídia. Você pode colocá-los no seu tablet, iPod ou gravá-los em um CD. Há um PDF de ajuda na página de download e nós também oferecemos suporte técnico.

Kindle / Leitores de livros digitais

Para extrair o máximo deste livro, lembre-se que você pode tocar duas vezes na imagem para aumentá-la. Desative o "modo coluna" e segure o seu Kindle em modo paisagem.

Mais de 10.000 fãs no Facebook: FundamentalChangesInGuitar

Marque-nos no Instagram: FundamentalChanges

Para mais de 350 Aulas de Guitarra Gratuitas com Vídeos Acesse:

www.fundamental-changes.com

Seção Um: Essenciais

Capítulo Um – Acordes Maiores Abertos

Um acorde aberto é simplesmente um acorde que contém uma ou mais cordas soltas. Eles possuem uma qualidade distinta de sonoridade e são usados em diversos gêneros, incluindo o pop, folk, rock e o country. Neste capítulo irei lhe mostrar como combinar acordes abertos com os seus correspondentes desenhos de escalas e como combinar padrões rítmicos com licks e passagens musicais. Os acordes incluídos neste capítulo são os desenhos dos acordes maiores abertos de G, C, D, A e E.

Apesar de o estudo de acordes abertos parecer básico, os conceitos deste capítulo são a base para o estudo dos próximos capítulos. Após estudar como cada exemplo é criado, você será capaz de aplicar essas ideias no seu próprio estilo e composição, o que é, obviamente, o objetivo deste livro!

Recomendo que você ouça cada áudio de exemplo, antes de tocar as ideias apresentadas neste capítulo. Dedique um tempo para aprender e digerir todo o material: não é necessário se apressar!

Se você não estiver familiarizado com os desenhos de acordes abertos, ou gostaria de revisá-los, recomendo o livro de Joseph Alexander, **Primeiros 100 Acordes Para Guitarra e Violão.**

O exemplo 1a demonstra o uso de um acorde aberto de G maior e da pentatônica maior de G (G A B D E), com cordas soltas. A escala pentatônica maior de G com cordas soltas, vista aqui, será usada em muitos exemplos, portanto assimile-a antes de avançar.

Exemplo 1a

Conceitos Essenciais para Combinar Guitarra Rítmica com Solo

Toque o acorde aberto de G duas vezes e adicione uma "minipassagem" formada com base na escala pentatônica maior de G com cordas soltas. O padrão utilizado é: "palhetada, palhetada e passagem". Esse é um padrão útil de se lembrar, e, conforme você for evoluindo, você será capaz de utilizá-lo com qualquer acorde e com o seu correspondente desenho de escala.

Exemplo 1b

Novamente, toque o acorde aberto de G maior duas vezes e adicione a passagem nas cordas Ré e Sol, utilizando a escala pentatônica maior de G com cordas soltas.

Exemplo 1c

Você pode combinar os dois exemplos anteriores para criar um padrão "palhetada e lick", de dois compassos. Isso é comum na música folk e country.

No exemplo 1d, comece com uma passagem na pentatônica maior de G e então palhete o acorde de G maior duas vezes.

Exemplo 1d

Agora toque a segunda passagem, antes de palhetar o acorde de G maior duas vezes.

Exemplo 1e

Ao combinar os dois exemplos anteriores, podemos criar um padrão de dois compassos utilizando o método "passagem antes do acorde".

Em vez de tocar o acorde de G maior de uma vez só, o exemplo 1f introduz um pequeno padrão de arpejo seguido por uma passagem utilizando o acorde aberto de G maior e a pentatônica maior de G.

Exemplo 1f

O exemplo 1g combina uma passagem com cordas soltas na pentatônica maior de G, nas cordas Ré e Sol, com o acorde de G maior em arpejo.

Exemplo 1g

Para criar uma frase de dois compassos você pode combinar os dois exemplos anteriores. O padrão é: arpejo – passagem um – arpejo – passagem dois.

Toque a passagem com cordas soltas na pentatônica maior de G antes do arpejo em G maior, para inverter os padrões anteriores.

Exemplo 1h

Agora utilize a passagem dois, antes de tocar o padrão de arpejo com o acorde aberto de G maior.

Exemplo 1i

Você pode combinar os dois exemplos anteriores para criar um padrão de dois compassos para a guitarra rítmica e solo, em G maior.

Passagens em C Maior

O exemplo 1j apresenta o acorde aberto de C maior, seguido pela escala pentatônica maior de C (C D E G A), com cordas soltas.

Exemplo 1j

É importante aprender a mover os padrões que você já conhece para diferentes tonalidades. No exemplo 1k, toque o acorde aberto de C maior duas vezes, antes de tocar uma minipassagem utilizando a escala pentatônica maior de C com cordas soltas.

Exemplo 1k

A seguir, toque o acorde de C maior duas vezes, antes de tocar a passagem nas cordas Sol e Si, utilizando a escala pentatônica maior de C.

Exemplo 1l

Para formar um padrão de dois compassos, combine os dois exemplos anteriores. Você também pode inverter os dois compassos para criar um padrão comum no pop.

Ao começar com uma passagem, antes do acorde completo, você muda completamente o *feeling* do padrão rítmico.

Exemplo 1m

No exemplo 1n, toque o arpejo com o acorde aberto de C maior, antes de alternar as passagens musicais.

Exemplo 1n

Agora toque as passagens antes do arpejo com o acorde aberto de C maior, utilizando a escala pentatônica maior de C com cordas soltas.

Exemplo 1o

Passagens em D Maior

Toque o acorde aberto de D maior, seguido pela escala pentatônica maior de D (D E F# A B) com cordas soltas.

Exemplo 1p

Toque o acorde aberto de D maior duas vezes, antes de tocar as passagens utilizando a escala pentatônica maior de D.

Exemplo 1q

No exemplo 1s, toque as passagens, antes de tocar os acordes.

Exemplo 1r

Ao tocar individualmente as notas do acorde de D maior, nós criamos um miniarpejo, que é seguido pelas passagens na escala pentatônica maior de D.

Exemplo 1s

Agora que você já dominou esses desenhos de acordes individuais e as suas respectivas escalas e passagens, é hora de abordarmos uma sequência de acordes completa, utilizando os acordes de G, C e D. O mesmo padrão é utilizado em todos os compassos: um padrão de palhetada sincopada por duas batidas, seguido por uma passagem de duas batidas. Esse padrão com os acordes abertos de G, C e D é um dos mais comuns no rock e no pop, portanto aprenda esse exemplo, porém também crie as suas próprias ideias.

Exemplo 1t

Passagens em A Maior

Toque o acorde aberto de A maior, seguido pela escala pentatônica maior de A (A B C# E F#) com cordas soltas.

Exemplo 1u

Toque o acorde aberto de A maior duas vezes, antes de tocar as passagens utilizando a escala pentatônica maior de A.

Exemplo 1v

Toque as passagens utilizando a escala pentatônica maior de A, antes de tocar duas vezes o acorde aberto de A.

Exemplo 1w

Nesse exemplo, faça um arpejo com o acorde aberto de A maior, antes de adicionar uma passagem no final de cada compasso.

Exemplo 1x

Passagens em E Maior

Esse exemplo apresenta o acorde aberto de E maior e o desenho da escala pentatônica maior de E (E F# G# B C#) com cordas soltas.

Exemplo 1y

Agora toque o acorde aberto de E maior duas vezes, antes de executar as passagens utilizando a escala pentatônica maior de E.

Exemplo 1z

Dessa vez, inverta o exemplo anterior e comece cada compasso com uma passagem, antes de tocar o acorde de E maior duas vezes.

Exemplo 1za

O último exemplo demonstra como tocar um arpejo em E maior, antes de utilizar uma passagem baseada na escala pentatônica maior de E com cordas soltas.

Exemplo 1zb

Neste capítulo, mostrei algumas formas básicas de combinar acordes de cordas soltas com licks baseados em escalas, utilizando cordas soltas. Esses padrões funcionarão com qualquer acorde, não apenas com acordes abertos, contanto que você toque na escala correta.

Abaixo, há uma tabela dos padrões de passagem utilizados neste capítulo. Ela servirá como ponto de referência, quando você estiver criando as suas próprias ideias.

Padrão	Número de Compassos
Palhetada – Palhetada – Passagem 1	1
Palhetada – Palhetada – Passagem 2	1
Palhetada – Palhetada – Passagem 1 | Palhetada – Palhetada – Passagem 2	2
Passagem 1 – Palhetada – Palhetada	1
Passagem 2 – Palhetada – Palhetada	1
Passagem 1 – Palhetada – Palhetada | Passagem 2 – Palhetada – Palhetada	2

Capítulo Dois – Acordes Menores Abertos

Neste capítulo, aprenderemos como adicionar passagens com acordes menores.

O exemplo 2a apresenta o acorde aberto de E menor, seguido pela escala blues de E (E G A Bb B D) com cordas soltas. Se você preferir tocar a escala pentatônica menor de E (E G A B D), apenas ignore as notas entre parênteses.

Exemplo 2a

No exemplo a seguir, há um padrão de palhetada sincopada com o acorde de E menor, seguido por uma pausa e por uma passagem, utilizando a escala blues de E com cordas soltas. Adicionar uma pausa entre a parte do ritmo e do solo lhe ajuda a permanecer no tempo, especialmente em velocidades mais rápidas. Como acontece com todos os exemplos deste livro, ouça as faixas de áudio, antes de tocar os exemplos, para observar como cada um deles deve ser fraseado.

Exemplo 2b

Sempre me certifico de ser capaz de tocar um lick de diferentes formas, antes de estudar algo novo. No exemplo 2c, tocamos as passagens com base na escala blues de E, antes das palhetadas sincopadas nos acordes, e adicionamos uma pausa no final de cada compasso.

Exemplo 2c

Um conceito que eu gostaria de salientar desde já é a ideia de tocar *double-stops* (duas notas tocadas ao mesmo tempo). Normalmente, quando tocamos uma passagem utilizamos notas isoladas, no entanto ao incluir ideias com *double-stops* o nosso vocabulário de licks se torna mais rico. O exemplo 2d baseia-se na escala blues de E com cordas soltas e no acorde aberto de E menor.

Exemplo 2d

Inverta o exemplo anterior para criar outra frase de *double-stop* com o acorde aberto de E menor.

Exemplo 2e

Passagens em A Menor

Toque o acorde aberto de A menor, seguido pela escala blues de A (A C D Eb E G) com cordas soltas.

Exemplo 2f

Agora toque essa sequência sincopada com o acorde de A menor, seguida por duas passagens que utilizam a escala blues de A com cordas soltas.

Exemplo 2g

O lick começa com algumas passagens na escala blues de A com cordas soltas, que são seguidas por um padrão de palhetada sincopada no acorde de A menor.

Exemplo 2h

O exemplo 2i é uma ideia cheia de notas que combina *double-stops* com uma passagem na escala blues de A.

Exemplo 2i

Palhete a tônica do acorde de A menor, antes de tocar as outras quatro cordas. Em seguida, toque as passagens com *double-stops* utilizando a escala blues de A com cordas soltas.

Exemplo 2j

Passagens em D Menor

No exemplo 2k, toque o acorde aberto de D menor, antes de tocar e memorizar a escala blues de D.

Exemplo 2k

Agora, aplique um padrão diferente de palhetada sincopada no acorde de D menor, antes de tocar as passagens baseadas na escala blues de D com cordas soltas.

Exemplo 2l

Toque as passagens baseadas na escala blues de D, antes de tocar o acorde aberto de D menor.

Exemplo 2m

Aqui, no exemplo 2n, eu criei um vamp em D menor que utiliza a corda Ré solta e padrões de *double-stops* dentro da escala blues de D.

Exemplo 2n

Varie o tom que você usa, quando for tocar os exemplos deste livro. Tente alternar entre distorção e som limpo, ou toque os exemplos no violão.

Exemplo 2o

Agora que você já aprendeu individualmente as ideias em A menor, D menor e E menor, é hora de combiná-las em uma frase de dois compassos.

Exemplo 2p

O exemplo 2q utiliza os acordes abertos de A menor, D menor e E menor, com as suas respectivas escalas, para criar um intrincado padrão de dois compassos em pop rock.

Exemplo 2q

Quando for aprender os padrões mais sofisticados, aprenda uma ou duas batidas por vez, até que elas soem fluidas e naturais. Então adicione mais uma ou duas batidas, até que você possa tocar o padrão inteiro sem pausas. Comece lentamente, em cerca de 50 BPM (utilize um metrônomo para se manter no tempo).

Exemplo 2r

O exemplo 2s utiliza os três acordes do capítulo anterior, G, C e D, junto com o E menor para criar uma sequência de acordes popular no pop.

Exemplo 2s

Toque a passagem, antes de palhetar duas vezes nos acordes de G, E menor, C e D.

Exemplo 2t

Agora, toque um arpejo em cada acorde, antes de tocar uma passagem no final de cada compasso.

Exemplo 2u

O exemplo 2v apresenta um padrão sincopado de palhetada mais longo nos acordes de G, E menor, C e D, que são seguidos por uma passagem nas suas respectivas escalas.

Exemplo 2v

No exemplo a seguir, toque as passagens, antes do padrão de palhetada sincopada.

Exemplo 2w

O último exemplo utiliza *double-stops* que precedem duas palhetadas em cada acorde.

Exemplo 2x

Além de aprender os exemplos isolados, anote como cada padrão é construído. Utilize o diagrama abaixo como referência, quando for construir os seus próprios riffs.

Padrão	Número de Compassos
Palhetada Sincopada | Passagem	2
Passagem | Palhetada Sincopada	2
Double-Stops e Tônica | Palhetada	2
Tônica | Palhetada e *Double-Stops*	2
Tônica | *Double-Stops*	2
Double-Stops | Tônica	2

Quiz de Pop

Quais são as notas da escala blues de E?

O que é um *double-stop*?

Em qual tempo você deve tocar esses exemplos?

Quais são as notas da escala blues de A?

As respostas estão no final do livro!

Capítulo Três – Acordes com Capotraste

Acordes abertos são limitados por possuírem cordas soltas, no entanto, quando adicionamos um capotraste, podemos mover esses acordes para *qualquer* tonalidade.

Você aprenderá como mover acordes abertos para novas tonalidades, ao colocar o capotraste na 4ª casa do braço da guitarra. Acordes abertos têm a característica de não poderem ser substituídos por acordes com pestana, e os exemplos deste capítulo mostram o que pode ser alcançado ao se utilizar o capotraste. Capotrastes funcionam particularmente bem no violão. Além disso, o seu uso ajuda a dar suporte ao vocalista, especialmente em um dueto.

Neste capítulo, você poderá fazer experimentações, ao mover o capotraste para qualquer casa que você deseje. Se você não tiver um capotraste, você pode tocar cada exemplo na sua posição original aberta.

A minha utilização do capotraste teve início quando eu comecei a criar peças acústicas instrumentais, inspiradas na música **Summer Breeze,** obra-prima de Martin Tallstrom.

Comprando um Capotraste

Capotrastes baratos são um desperdício de dinheiro. Eles normalmente não se ajustam bem no braço da guitarra e fazem com que as notas soem desajeitadas. Recomendo os capotrastes da Kyser, porém capotrastes medianos também são suficientes. Quando for comprar um capotraste, lembre-se do provérbio: "Quem compra barato, compra duas vezes".

Confira a vídeoaula abaixo para ver o capotraste Kyser em ação.

www.fundamental-changes.com/creative-capo-chords

O exemplo 3a apresenta os desenhos dos acordes abertos de C, A, G, E e D, tocados com o capotraste na 4ª casa. O nome do desenho do acorde está escrito acima do diagrama e o acorde que é de fato criado com o capotraste está entre parênteses. Por exemplo, o desenho de C com o capotraste na 4ª casa cria o acorde de E maior. Toque esses desenhos de acordes abertos com a backing track inclusa neste livro.

Exemplo 3a

Agora, toque os acordes abertos de A menor, E menor e D menor.

Exemplo 3b

Passagens com o Desenho de C

Os exemplos a seguir demonstram passagens e frases rítmicas baseadas no desenho do acorde aberto de C maior. Com o capotraste na 4ª casa, você pode tocar na tonalidade de E maior.

Exemplo 3c

Exemplo 3d

Exemplo 3e

C (E)

Exemplo 3f

C (E)

Passagens com o Desenho de A

Os próximos exemplos apresentam arpejos, palhetadas e passagens, todos baseados no desenho do acorde aberto de A maior. Com o capotraste na 4ª casa, o desenho do acorde aberto de A maior cria o acorde de C# maior.

Exemplo 3g

A (C#)

Exemplo 3h

Exemplo 3i

Bandas como REM utilizam os tipos de arpejos palhetados a seguir, para criar interesse musical nos seus padrões rítmicos. Observe a simples passagem no quarto compasso que unifica todo o padrão.

Exemplo 3j

Passagens com o Desenho de G

Os próximos exemplos são baseados no desenho do acorde aberto de G maior. Com o capotraste na 4ª casa, cria-se o acorde de B maior.

O exemplo 3k é reminiscente do clássico de John Mayer, *Queen of California*. O *hammer-on* duplo no primeiro compasso requer um pouco de prática, portanto tenha paciência e estude essa parte separadamente.

Exemplo 3k

Exemplo 3l

Exemplo 3m

Exemplo 3n

Passagens com o Desenho de E

Os exemplos a seguir demonstram passagens e frases rítmicas baseadas no desenho do acorde aberto de E maior. Com o capotraste na 4ª casa, você pode tocar na tonalidade de G# maior.

Bach era conhecido pelo seu uso de padrões de arpejo descendentes, os quais são similares à ideia apresentada abaixo.

Exemplo 3o

Exemplo 3p

Exemplo 3q

Exemplo 3r

Passagens com o Desenho de D

O próximo exemplo apresenta arpejos, palhetadas e passagens, baseados no desenho do acorde aberto de D maior. Com o capotraste na 4ª casa, o acorde aberto de D maior se transforma no acorde de F# maior.

Slash é conhecido por fazer com que progressões de acordes abertos soem interessantes. Ouça a faixa *Knockin' on Heaven's Door* do Guns N' Roses para perceber a magia dos acordes abertos. Em seguida, adicione o capotraste na 4ª casa e toque a música.

Exemplo 3s

Exemplo 3t

Double-stops soam muito bem no rock, blues e country. Além disso, criam um som mais encorpado do que se poderia alcançar com notas isoladas. O exemplo 3u soa muito bem no violão e na guitarra. Ele funciona bem até mesmo com distorção.

Exemplo 3u

Exemplo 3v

Passagens com o Desenho de A Menor

Os exemplos a seguir apresentam arpejos, palhetadas e passagens, baseados no desenho do acorde aberto de A menor. Com o capotraste na 4ª casa, você pode tocar na tonalidade de C# menor. Observe como esses exemplos são similares às passagens com o desenho de C maior.

Exemplo 3w

Exemplo 3x

Exemplo 3y

Fazer a alternância entre um acorde e uma passagem é uma forma muito efetiva de misturar as ideias da guitarra rítmica com as da guitarra solo. Preste atenção às músicas que você está estudando, onde você consegue adicionar passagens entre as palhetadas?

Exemplo 3z

Passagens com o Desenho do Acorde Aberto de E Menor

Agora, toque esses exemplos baseados no desenho do acorde aberto de E menor. Com o capotraste na 4ª casa, cria-se o acorde de G# menor.

Exemplo 3za

Exemplo 3zb

Exemplo 3zc

Exemplo 3zd

Passagens com o Acorde Aberto de D Menor

Essa última sequência de exemplos desse capítulo é baseada no desenho do acorde aberto de D menor. Após o capotraste ser colocado na 4ª casa, cria-se o acorde de F# menor. Ouça o áudio, antes de tocar cada exemplo.

Exemplo 3ze

Ter dois compassos cheios de palhetada, seguidos por dois compassos com notas isoladas em arpejo, é uma forma excelente de combinar padrões rítmicos.

Exemplo 3zf

Exemplo 3zg

Exemplo 3zh

Músicas Essenciais Tocadas com Capotraste

Aqui estão algumas das minhas músicas favoritas, tocadas com o capotraste:

- John Mayer – *Queen of California*

- Martin Tallstrom – *Summer Breeze*

- The Eagles – *Hotel California*

- The Beatles – *Here Comes the Sun*

- James Taylor – *Fire and Rain*

- Razorlight – *America*

- Jeff Buckley – *Hallelujah*

Seção Dois: Blues

Capítulo Quatro – Blues – Parte Um

Agora que você já aprendeu o essencial sobre acordes abertos maiores e menores, focaremos em combinar licks de guitarra rítmica e solo em um contexto de blues.

Neste capítulo, dissecaremos um padrão tradicional de blues de doze compassos em A. Esse padrão é a base de milhares de músicas de blues e rock e é comumente tocado em apresentações mais informais. Após praticar todas as ideias deste capítulo, você ganhará confiança e fluidez; o que fará com que o seu som soe trabalhado e fluente.

Para mais informações sobre a composição de um blues de doze compassos, confira o livro de Joseph Alexander, **O Guia Completo para Tocar Blues na Guitarra: Livro Um – Guitarra Base.**

Pontos essenciais para focar neste capítulo:

* Assimilar completamente a estrutura do blues de doze compassos.

* Tocar os riffs de blues de doze compassos sem quaisquer ideias de guitarra solo.

* Aprender os licks de guitarra solo separadamente.

* Praticar a alternância entre um compasso de riff e um compasso de solo.

* Praticar a alternância entre um compasso de solo e um compasso de riff.

* Tocar o blues de doze compassos em múltiplas tonalidades.

* Tocar com uma banda, ou, pelo menos, com outro músico.

O exemplo 4a demonstra um tradicional blues de doze compassos na tonalidade de A. A maioria dos exemplos deste capítulo utiliza o *ritmo shuffle*. Diga a frase: "chunka-chunka", para adaptar o seu cérebro à forma do exemplo a seguir. A coisa mais importante é aprender como funciona a estrutura de um blues de doze compassos. Dedique um tempo para assimilar o conteúdo do diagrama abaixo, antes de tocar esses exemplos.

Exemplo 4a

Primeiro, vamos explorar uma forma clássica de adicionar variação ao riff principal. Apesar de esse riff ter sido composto em A, você também pode movê-lo para as tonalidades de D e E e tocá-lo com o padrão de blues de doze compassos visto anteriormente.

Exemplo 4b

A próxima variação lembra o estilo de Eric Clapton. Certifique-se de tocar o riff nas tonalidades de D e E adicionalmente e execute-o no ciclo de blues de doze compassos.

Exemplo 4c

Aqui está outra popular variação de riff, utilizada por guitarristas como Stevie Ray Vaughan e B.B. King.

Exemplo 4d

O exemplo 4e é a quarta variação do riff de blues de doze compassos original. Dedique um tempo para criar os seus próprios padrões de riffs, quando você estiver se sentindo confortável com os padrões deste capítulo.

Exemplo 4e

Toque o minipower-chord aberto de A, antes de adicionar um lick popular de blues em A. Ouça como o vibrato é executado na faixa de apoio inclusa nesse livro.

Exemplo 4f

Aqui está outra ideia muito interessante que lhe ensina a alternar entre um minipower-chord aberto de A e um lick de blues em A.

Exemplo 4g

Em uma progressão de blues de doze compassos, há frequentemente um compasso, ou dois, que traz a progressão de volta para o início. Isso é chamado de *virada*. O exemplo 4h salienta a virada utilizada no exemplo 4i.

Exemplo 4h

Agora que você já aprendeu os elementos do ritmo e do solo separadamente, é hora de combiná-los em um blues de doze compassos completo. Alterne entre um compasso rítmico do padrão de riff de doze compassos e as passagens de solo em A, D e E. Você perceberá que, em vez de tocar todas as passagens na tonalidade de A, eu as movi para cima no braço da guitarra, para as tonalidades de D e E, quando exigido pela progressão.

Exemplo 4i

Aprender padrões que utilizam cordas soltas é muito bom. Como explicado no capítulo três, você pode utilizar um capotraste para mover padrões para diferentes tonalidades. No entanto, após aprender um padrão móvel de doze compassos, você poderá tocá-lo em qualquer tonalidade.

Para tocar o padrão completo de blues de doze compassos, mova todo o desenho para a 10ª casa (6ª corda) nos compassos com D, e para a 12ª casa (6ª corda) nos compassos com E. Se você ainda não estiver confortável com a estrutura do blues de doze compassos, volte para o início deste capítulo.

Exemplo 4j

Aqui estão alguns licks que você pode utilizar como passagens em riffs de blues de doze compassos. O exemplo 4k é um lick clássico de blues rock, baseado na escala pentatônica menor de A, reminiscente do AC/DC.

Exemplo 4k

O exemplo 4l também utiliza a escala pentatônica menor de A com um ritmo em tercina. Se você estiver com dificuldade para contar o ritmo da tercina, utilize uma palavra de três sílabas para contá-lo. A minha palavra favorita é *can-tan-te*.

Exemplo 4l

Aqui está um lick que era muito utilizado pelo rei do Texas Blues, Stevie Ray Vaughan.

Exemplo 4m

O penúltimo lick dessa seção está no estilo de Eric Clapton.

Exemplo 4n

O exemplo 4o combina licks na pentatônica menor, riffs de blues de doze compassos e uma virada, para formar uma peça de solo completa de blues de doze compassos.

Exemplo 4o

Riff de Blues de Doze Compassos

Nos padrões de blues de doze compassos a seguir, você aprenderá um riff que poderá ser tocado com um baixista para criar um som excelente.

O exemplo 4p apresenta uma sequência com um riff muito legal. Para quem toca em banda, peça para que o seu baixista toque esse riff junto com você, como exercício.

Exemplo 4p

O exemplo 4q mostra um desenho móvel da escala blues na tonalidade de A.

Exemplo 4q

Podemos adaptar o riff original para criar algumas variações interessantes.

Exemplo 4r

Exemplo 4s

Aqui está um lick clássico na escala blues, utilizado por Jimi Hendrix.

Exemplo 4t

Os exemplos 4u e 4v apresentam mais dois licks clássicos de blues rock para você adicionar ao seu repertório.

Exemplo 4u

Exemplo 4v

No começo deste capítulo, eu lhe mostrei como a virada faz com que a progressão de um blues de doze compassos retorne ao primeiro compasso. Aqui está uma virada, com acordes com sétima de três notas, D7, Eb7 e E7.

Exemplo 4w

Agora é hora de nos divertirmos! O exemplo 4x utiliza riffs, passagens e uma ideia com virada para combinar guitarra rítmica com guitarra solo em um arranjo para uma única guitarra.

Exemplo 4x

O exemplo 4y mostra uma sequência com *double-stops* que utiliza a escala pentatônica menor de A nas cordas Sol e Si.

A Minor Pentatonic - G and B Strings Only

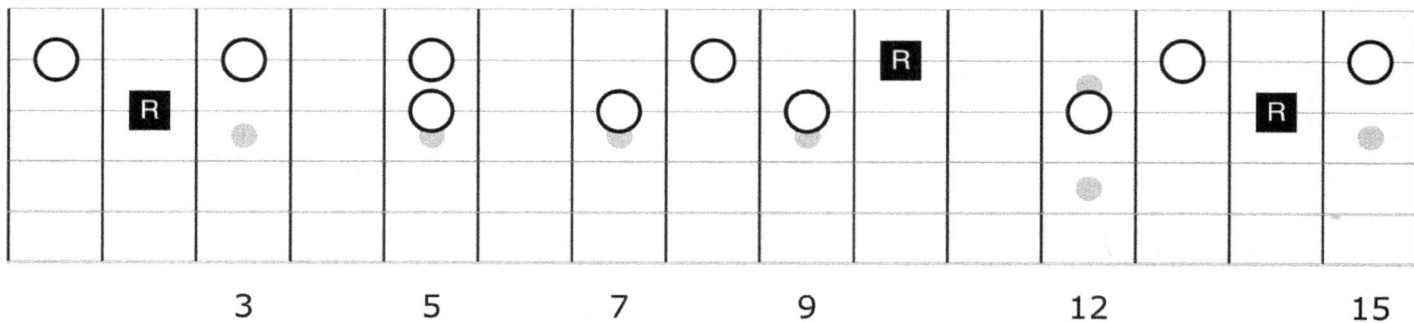

Exemplo 4y

A minha forma preferida de adicionar coloração aos meus solos é fazendo a alternância entre linhas de notas isoladas e *double-stops*. O exemplo 4z demonstra essa abordagem.

Exemplo 4z

No primeiro compasso do exemplo 4za, criei um lick com *double-stop* baseado na escala blues de A. No segundo compasso, criei uma virada que utiliza o acorde de E7#9. Ele é comumente referido como o "acorde de Jimi Hendrix".

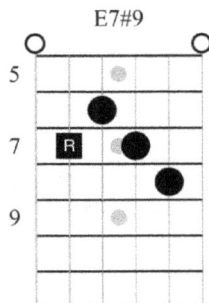

Exemplo 4za

O exemplo 4zb combina todas as ideias da segunda metade deste capítulo para formar um arranjo de blues de doze compassos. Recomendo que você ouça a faixa de apoio algumas vezes, antes de praticar o exemplo a seguir.

Exemplo 4zb

Agora, você já deve se sentir confortável com a estrutura de um blues de doze compassos, com a criação de riffs e com a combinação de riffs com licks. O blues de doze compassos será a base dos próximos capítulos, portanto cerifique-se de sentir-se confortável com ele, antes de avançar.

Capítulo Cinco – Blues Menor

Uma modificação comum feita no blues de doze compassos é a inserção da escala blues menor. O tom obscuro e triste que essa escala produz tem sido popular entre os guitarristas que preferem solar em escalas menores. Antes de começar a estudar os exemplos deste capítulo, confira o clássico do blues, *The Thrill Is Gone*, da lenda da guitarra blues B.B. King, para ter uma ideia de como um acorde blues menor soa.

Objetivos para este capítulo:

- Ouvir os exemplos pelo menos duas vezes, antes de tocá-los.

- Assimilar totalmente a estrutura da escala blues menor.

- Tocar arpejos em blues menor separadamente.

- Aprender os licks de guitarra solo separadamente.

- Praticar a alternância entre um compasso com arpejo e um compasso de solo.

- Praticar a alternância entre um compasso de solo e um compasso com arpejo.

- Tocar a metade de um compasso em arpejo e a outra metade em solo.

- Tocar a metade de um compasso em solo e a outra metade em arpejo.

- Tocar a escala blues menor em múltiplas tonalidades.

- Tocar com uma banda, ou, pelo menos, com outro músico.

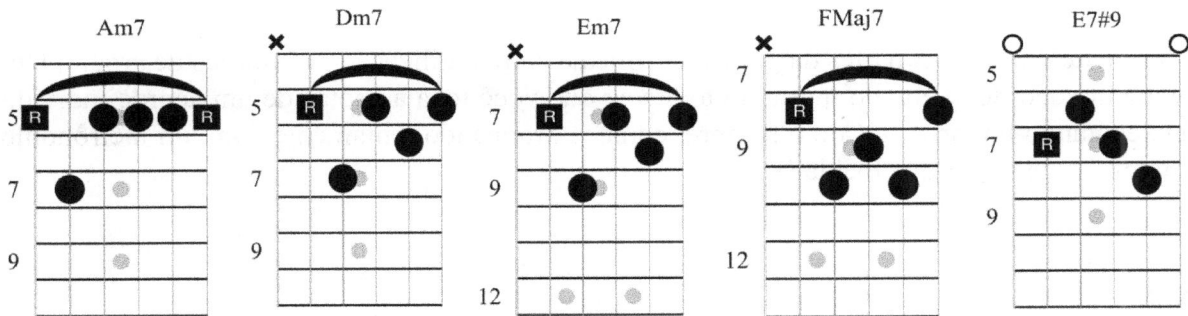

O exemplo 5a apresenta alguns acordes menores em um blues de doze compassos na tonalidade de A. Os acordes utilizados são: Am7, Dm7, Em7, FMaj7 e E7#9. Se você não estiver familiarizado com esses desenhos de acordes com pestana, observe os diagramas de acordes acima e aprenda os seus desenhos, antes de prosseguir.

Exemplo 5a

Uma boa forma de dar vida às partes da guitarra rítmica é com a utilização de padrões de arpejo. Um arpejo é simplesmente um acorde quebrado, portanto toda vez que você toca as notas de um acorde individualmente, você está executando um arpejo. Como sempre, comece praticando lentamente com um metrônomo e ganhe precisão, antes de aumentar a velocidade.

Exemplo 5b

Uma escala pentatônica menor e uma escala blues podem ambas ser utilizadas para acompanhar uma progressão de blues menor. Para adicionar variação, incluí a escala de A menor (A B C D E F G), que tem um som mais obscuro do que a sua correspondente pentatônica. Confira o solo clássico de *Stairway to Heaven* do Led Zeppelin, para observar muitos licks em A menor.

A Natural Minor

Exemplo 5c

O lick a seguir combina a escala de A menor e a escala blues de A para formar um lick inteligente de blues rock.

Exemplo 5d

Ao executar o mesmo padrão de notas em múltiplas oitavas, você pode criar linhas mais longas no seu solo. O exemplo 5e utiliza a escala blues de A para fazer isso.

Exemplo 5e

O exemplo 5f utiliza as notas C, E e G para criar um arpejo em Am7, antes de utilizar a escala blues de A para completar o lick.

Exemplo 5f

Toque o lick com *double-stop,* baseado na pentatônica menor de A, nas cordas Si e Mi (1ª corda). Certifique-se de executar corretamente os *slides* entre a 10ª casa e a 8ª casa.

Exemplo 5g

Aqui está um lick de blues com *double-stop* que utiliza a escala de A menor (A B C D E F G) nas cordas Sol e Si.

Exemplo 5h

No exemplo 5i, criei uma frase com *double-stops*, baseada no acorde de Em7, no estilo de Jimi Hendrix.

Exemplo 5i

Ao adicionar um *slide*, um arpejo e um salto de cordas para o acorde de E7#9, você pode criar um lick interessante com pouco esforço.

Exemplo 5j

No exemplo 5k, incluí algo que eu chamo de a "técnica de Django Reinhardt". Ao tocar em um semitom abaixo (uma casa) cada uma das notas do acorde de E7#9, antes de resolver em uma nota do acorde, você pode criar um som mais jazz. Você também pode tocar cada nota do acorde em um semitom acima.

Exemplo 5k

Agora que você já aprendeu alguns acordes e licks em uma progressão de blues menor, é hora de colocar tudo junto. Certifique-se de começar lentamente, e pratique com um metrônomo, em cerca de 50 BPM. Apenas aumente o tempo do metrônomo quando você conseguir tocar tudo perfeitamente.

O exemplo 5l é o meu exemplo favorito deste livro e é algo que toco regularmente como aquecimento.

Exemplo 5l

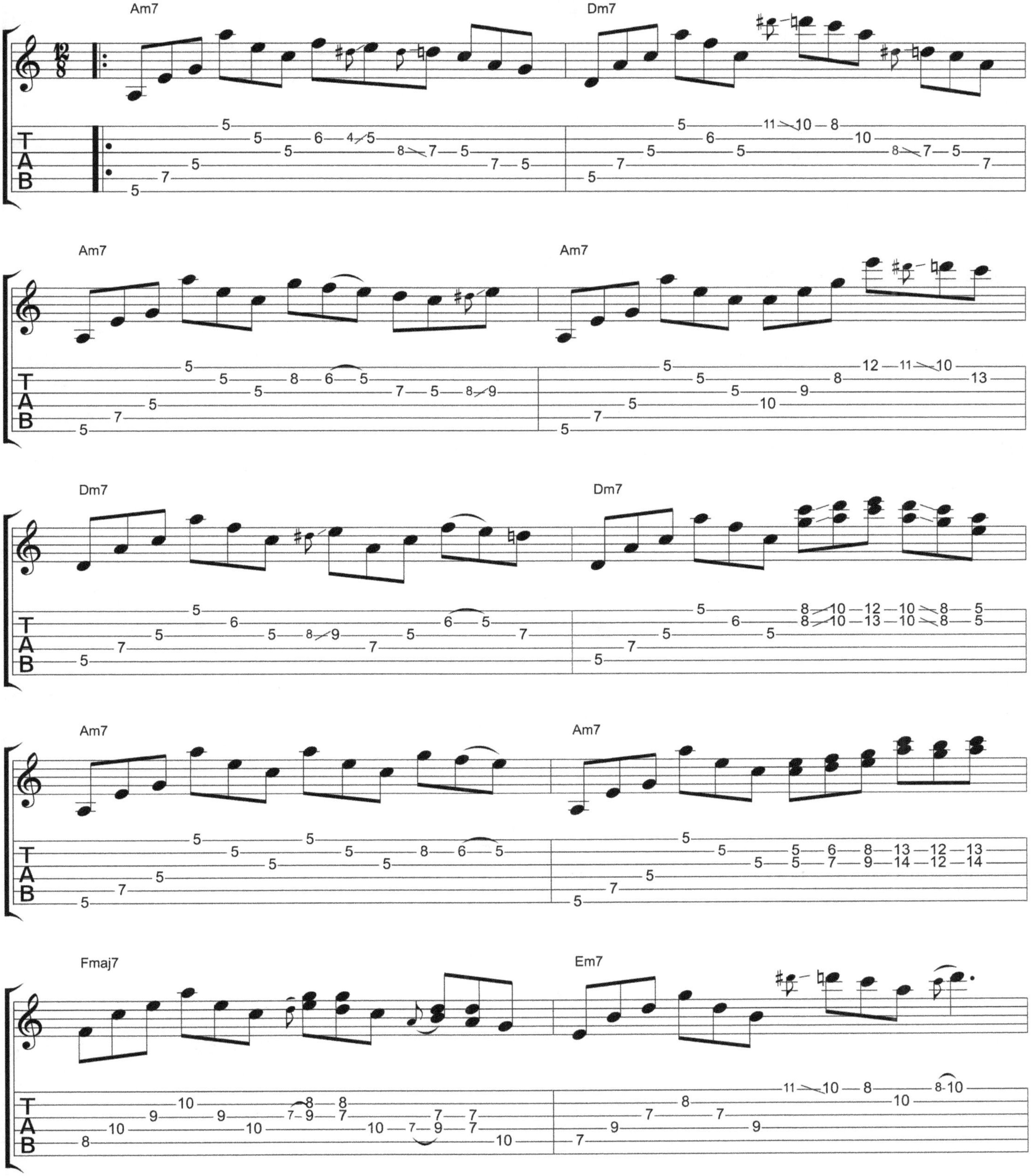

Fmaj7

E7#9

```
T    --------10-----------8--8----------------8-8-----------------------8--------------8---------
A    -------------9-----9------8-10--8-----10--7-9-7--------7-----6--------7-7------6------6------
B    -----10---------------10---------------------10----7------6--------------6--6-7-----6--------
         8
```

Até agora, os exemplos focaram em construir as bases de um bom ritmo e de passagens de solo, em uma tonalidade. Conforme você for se desenvolvendo em combinar guitarra rítmica com guitarra solo, você perceberá que frequentemente é possível utilizar diferentes escalas em uma peça musical. A nossa progressão de blues menor está na tonalidade de A menor, no entanto ela contém outros dois acordes menores, o D menor e o E menor. Em vez de tocar passagens em A menor nos compassos a seguir, você pode tocar passagens em D menor com o acorde de D menor, e passagens de E menor com os acordes menores de E.

O exemplo 5n, abaixo, está na escala blues de D (D F G Ab A C), com a tônica na corda Lá.

Exemplo 5m

```
      4
      4
T    ------------------------------------6------8--9--5--8--5----9--8--6--------------------------
A    -----------------5--6--7------5--7--------------------------------------7--5----7--6--5------
B    ---5--8--5--6--7---------------------------------------------------------------------8--5----
```

Toque a escala blues de E (E G A Bb B D), partindo da 7ª casa na corda Lá. Note que essa escala é a mesma do exemplo anterior, porém tocada duas casas acima.

Exemplo 5n

```
      4
      4
T    ------------------------------8------10--11--7--10--7----11--10--8--------------------------
A    -----------------7--8--9------7--9--------------------------------------9--7----9--8--7------
B    ---7--10-----------------------------------------------------------------------------10--7--
```

Aqui está um lick em D menor.

Exemplo 5o

Esse lick blues em D menor lembra o estilo de Mark Knopfler.

Exemplo 5p

Uma das coisas que mais gosto na guitarra é que, quando você aprende um lick, você pode tocá-lo em qualquer tonalidade; basta começar em uma casa diferente. Aqui está um lick originalmente em D menor, porém tocado em E menor.

Exemplo 5q

Os meus alunos adoram "tomar emprestado os meus licks", e o lick a seguir é um lick clássico na escala blues de A, que utilizo frequentemente.

Exemplo 5r

Aqui temos outro lick na escala blues de A, dessa vez tocado no estilo de John Mayer.

Exemplo 5s

Mais cedo, mostrei como solar com o acorde de E7#9, ao abordar cada uma das notas do acorde em um semitom abaixo ou acima. Um truque comum é combinar essas abordagens.

Exemplo 5t

No exemplo a seguir, a metade de cada compasso é composta de linhas de solo, enquanto a outra metade é composta de arpejos. Essa é outra forma de criar interesse melódico. Observe como isso é feito no exemplo abaixo.

Exemplo 5u

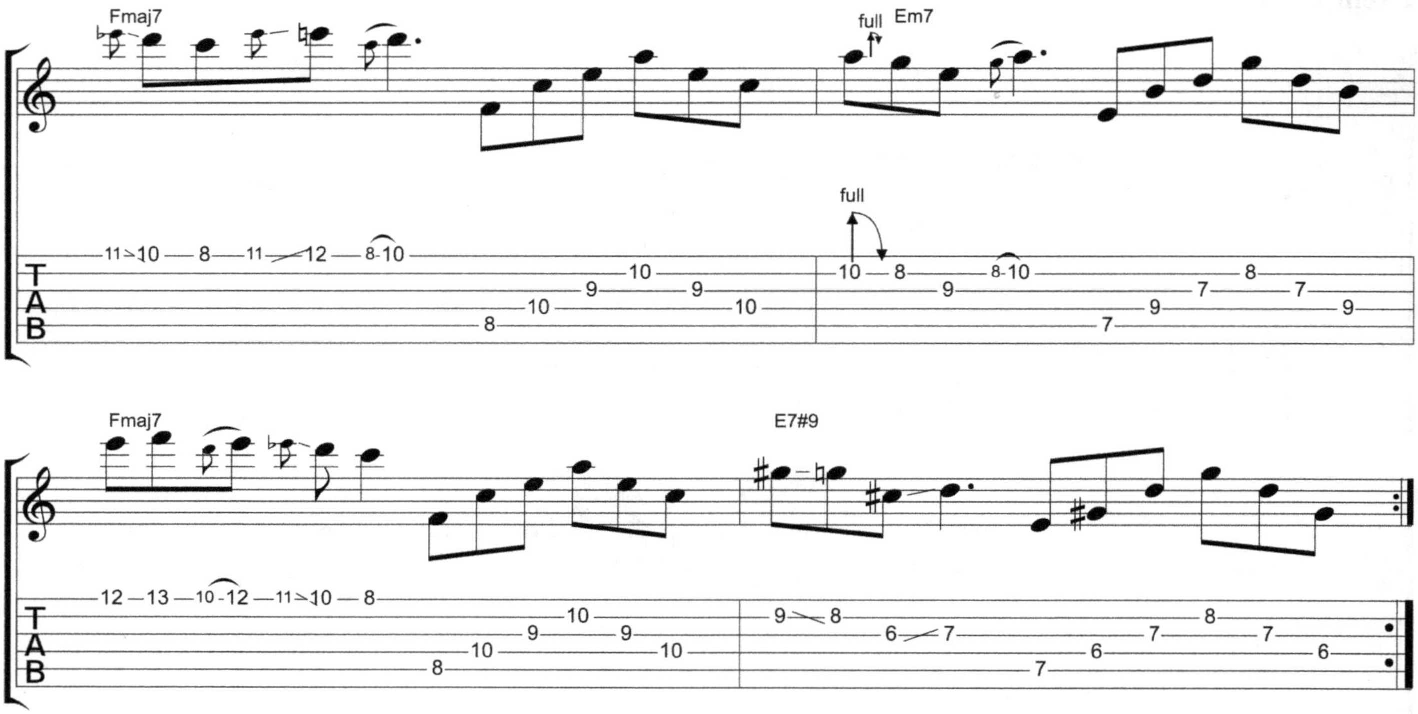
Fmaj7
full
Em7
full
Fmaj7
E7#9

Capítulo Seis – Blues Gospel

Agora é hora de tocar outra estrutura popular de blues: o blues gospel. Novamente, compus os exemplos na tonalidade de A, mas você mover esses padrões para qualquer tonalidade que você queira.

Antes de começar a praticar essas passagens e licks, dedique um tempo para dominar os desenhos dos acordes mostrados abaixo. Lembre-se que o elemento rítmico é a parte mais importante, e que as passagens atuam como se fossem a cereja do bolo.

Dê prioridade a ouvir os áudios inclusos neste livro, antes de estudar cada exemplo. Isso irá lhe ajudar a confiar mais nos seus ouvidos. Lembre-se: se algo soa bem, então esse algo é bom.

Elementos essenciais deste capítulo:

- Aprender os acordes de blues gospel.

- Aprender a progressão de blues gospel.

- Tornar-se familiarizado com as variações rítmicas da progressão de blues gospel.

- Aprender os desenhos dos modos mixolídios de: A, D e E.

- Tocar os licks compostos com base nos desenhos dos modos mixolídios de: A, D e E.

- Criar os seus próprios licks com base nos desenhos dos modos mixolídios mencionados.

- Divertir-se com a combinação de acordes de blues gospel com um novo repertório de licks.

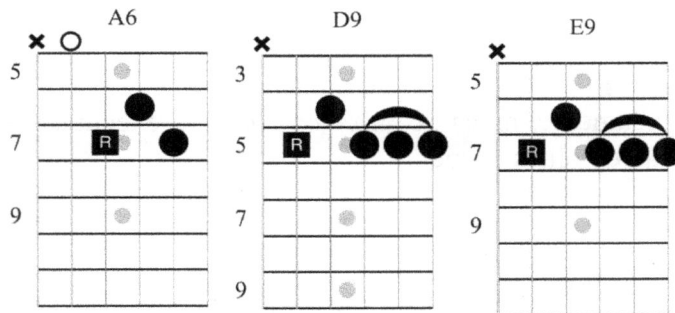

O exemplo 6a apresenta uma progressão de acordes completa de blues gospel de doze compassos, com um acorde por compasso.

Exemplo 6a

Você pode tocar a tônica isoladamente, antes de fazer os *slides*, e executar um arpejo em cada acorde. O exemplo 6b dá vida à progressão de blues gospel.

Exemplo 6b

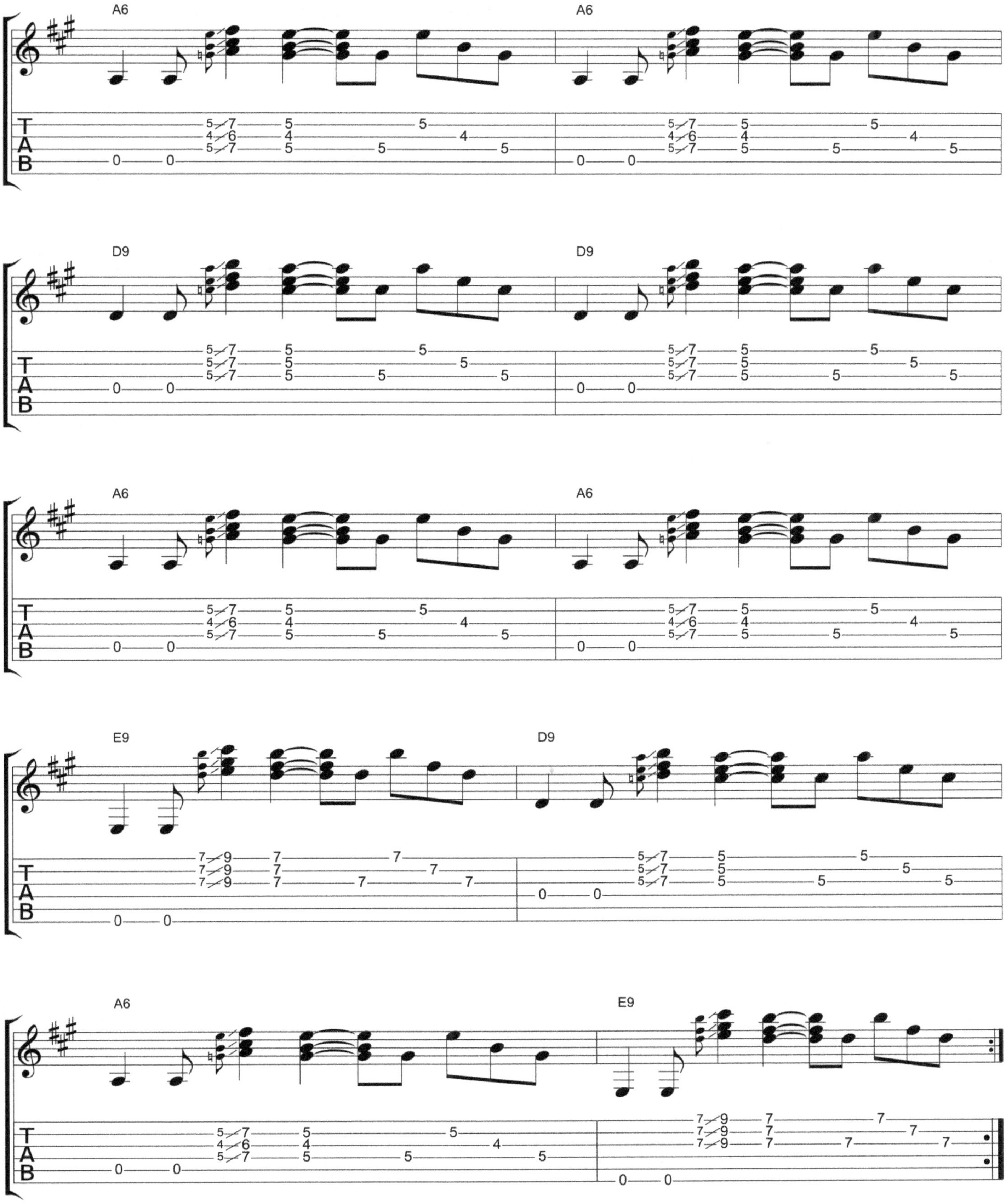
A6
A6
D9
D9
A6
A6
E9
D9
A6
E9

O modo mixolídio de A (A B C# D E F# G) é um complemento perfeito à progressão de acordes de blues gospel.

Exemplo 6c

Licks com o Vocabulário do Modo Mixolídio de A

Ouça o áudio, então aprenda esses quatro licks baseados no modo mixolídio de A, que podem ser usados com a progressão de acordes de blues gospel.

Exemplo 6d

Exemplo 6e

Exemplo 6f

Exemplo 6g

Agora que você já aprendeu esses licks baseados no modo mixolídio de A, é hora de combiná-los com os acordes de blues gospel. Comece lentamente, em cerca de 50 BPM, visto que há muitas notas nos compassos.

Exemplo 6h

Com os acordes de D9, você pode utilizar o modo mixolídio de D.

Exemplo 6i

Licks Baseados no Modo Mixolídio de D

Adicione ao seu repertório esses licks baseados no modo mixolídio de D.

Exemplo 6j

Exemplo 6k

Nos compassos com o acorde de E9, na progressão de blues gospel, você pode tocar o modo mixolídio de E.

Exemplo 6l

Licks Baseados no Modo Mixolídio de E

Aprenda esses dois licks no modo mixolídio de E, que podem ser tocados em qualquer compasso que contenha o E9.

Exemplo 6m

Exemplo 6n

O exemplo 6o combina tudo o que foi ensinado neste capítulo. O exemplo começa com a primeira metade do compasso com um lick de solo e a outra metade com uma base. Obviamente, você pode tocar esses licks invertidos, ou alternar entre compassos cheios de ritmo e compassos cheios de solo.

Exemplo 6o

Comece tocando cada exemplo lentamente, com um metrônomo em cerca de 50 BPM, e certifique-se de que cada nota soe limpa e clara. Observe a mão direita e verifique se você está executando a palhetada alternada (para baixo e para cima) exigida.

Quando você puder tocar perfeitamente um exemplo, três vezes seguidas, em 50 BPM, tente aumentar a velocidade do metrônomo para 53 BPM. Continue aumentando a velocidade do metrônomo, em incrementos de 3 BPM, até que você chegue na velocidade de 80 BPM, ou mais.

Essa forma de praticar baseia-se no fato de que você apenas aumenta a velocidade do lick, quando você o estiver tocando precisamente.

No meu smartphone, eu utilizo o aplicativo "*Tempo app*" (feito pela Frozen Ape). Eu sei que o meu smartphone sempre estará comigo, portanto eu não tenho desculpas para praticar sem um metrônomo.

Seção Três: Rock

Capítulo Sete – Power Chords de Duas Notas

A terceira seção deste livro foca na combinação de ritmos com solos na guitarra rock. Neste capítulo, irei lhe mostrar como construir incríveis progressões de acordes no rock, utilizando *power chords* de duas notas. O número "5" no acorde indica que o acorde é um *power chord*. *Power chords* podem ser utilizados para substituir tanto acordes maiores como menores. Por exemplo, o *power chord* de D5 pode substituir tanto o acorde de D maior como o acorde de D menor.

Nos exemplos a seguir, você utilizará a escala pentatônica menor de D, entre os acordes, para criar minipassagens e licks.

Com acontece com os acordes de guitarra, sempre há diversas formas de executar os *power chords*. No exemplo 7a, há o desenho do *power chord* de D5 com a tônica nas cordas Mi (6ª corda), Lá e Ré. É hora de estudá-los!

Exemplo 7a

```
          D5              D5              D5

 4
 4

T
A                    7          14
B    12              5          12
     10
```

Tocadas entre os *power chords* de D5, C5, Bb5 e C5, há quatro palhetadas abafadas, que dão um ritmo percussivo à progressão de acordes. Às vezes, uma passagem percussiva cria tanto interesse rítmico quanto uma passagem baseada em um lick.

Exemplo 7b

```
      D5            C5               Bb5             C5

T
A     12—12—X—X—X—X—10—10—X—X—X—X    8—8—X—X—X—X—10—10—X—X—X—X
B     10—10—X—X—X—X—8—8—X—X—X—X      6—6—X—X—X—X—8—8—X—X—X—X
```

O exemplo 7c apresenta uma progressão de acordes com todos os *power chords* tocados na corda Lá.

Exemplo 7c

Agora, toque a progressão de acordes com os *power chords* na corda Mi (6ª corda).

Exemplo 7d

O exemplo 7e apresenta a escala pentatônica menor de D, que será utilizada para criar passagens, no restante deste capítulo.

Exemplo 7e

Ao adicionar-se uma nota entre cada um dos acordes, criamos um padrão de "chamada e resposta". Os *power chords* fazem a chamada, e a nota F dá a resposta.

Exemplo 7f

Na quarta batida do exemplo 7g, adicionamos uma passagem com *hammer-on*.

Exemplo 7g

O exemplo a seguir alterna entre um padrão de *pull-offs* e outro de *hammer-ons*.

Exemplo 7h

Slides são um recurso excelente, para adicionar interesse musical entre os acordes.

Exemplo 7i

O exemplo 7j mostra outro exemplo de *slide* com as passagens nas cordas Sol e Si.

Exemplo 7j

Bends são essenciais no rock! A adição deles na sequência a seguir, torna-a fantástica. Se você quiser mais informações sobre todos os tipos de bends, certifique-se de conferir o meu livro, *Solos Para Rock Melódico*.

Exemplo 7k

Recomendo que você pratique os bends do exemplo 7l separadamente, antes de incluí-los nos exemplos subsequentes.

Exemplo 7l

Os dois exemplos a seguir utilizam *double-stops* entre cada *power chord*.

Exemplo 7m

Exemplo 7n

A seguir, as passagens vêm antes dos *power chords*. O exemplo 7o demonstra isso, ao adicionar o vibrato na nota F.

Exemplo 7o

No exemplo 7p, toque as passagens com legato, antes dos *power chords*.

Exemplo 7p

Se você estiver com dificuldade para fazer transições limpas entre as passagens e os acordes, diminua a velocidade e pratique as transições individualmente, antes de juntá-las.

Exemplo 7q

Utilizar bends antes dos *power chords* pode soar cru e agressivo.

Exemplo 7r

Eu simplesmente amo *double-stops* com *slides*, e eles são uma das minhas formas favoritas de criar passagens entre acordes. O exemplo 7s demonstra a execução dessa ideia, antes de cada *power chord*.

Exemplo 7s

Além de tocar a escala pentatônica menor de D com a tônica na corda Mi (6ª corda), é importante aprender a tocar a tônica na corda Lá.

Exemplo 7t

No exemplo a seguir, juntei os meus padrões favoritos, os quais são tocados com a tônica na corda Lá, para apresentar-lhe diferentes áreas do braço da guitarra.

Exemplo 7u

Exemplo 7v

Exemplo 7w

Exemplo 7x

Músicas Populares com Power Chords:

- White Stripes – Seven Nation Army (música excelente, se tocada na afinação padrão).

- Green Day – American Idiot

- The Kinks – You Really Got Me

- Blink-182 – All the Small Things

- Lenny Kravitz – Fly Away

- Nirvana – Smells like Teen Spirit

- Scorpions – *Rock You Like a Hurricane*

Escute-as e aplique-lhes as técnicas apresentadas neste capítulo.

Capítulo Oito – Power Chords – Parte Dois

Neste capítulo, irei lhe mostrar como criar *power chords* de três notas e como alternar entre padrões rítmicos e passagens de solo.

Power chords de três notas soam mais cheios do que *power chords* de duas notas. Além disso, eles tendem mais para tons com overdrive ou distorção. Ser um músico proficiente em *power chords* é uma das habilidades mais úteis, quando se está fazendo shows.

Os exemplos deste capítulo estão na tonalidade de B e mostram como utilizar *power chords* e passagens em tonalidades maiores ou menores.

O exemplo 8a mostra como tocar o *power chord* de B5, com a tônica nas cordas Mi (6ª corda), Lá, Ré e Sol. Os desenhos utilizados nas cordas Ré e Sol podem parecer incomuns, porém são muito úteis.

Exemplo 8a

Os próximos exemplos apresentam três formas diferentes de tocar a mesma sequência dos *power chords*: B5, G5, D5 e A. Tocar sequências de *power chords* de diversas formas pode lhe ajudar a ganhar mais mobilidade.

Exemplo 8b

Exemplo 8c

Exemplo 8d

O exemplo 8e demonstra todos os quatro desenhos dos *power chords* de: B5, G5, D5 e A5. Com base neles, você pode criar os seus próprios padrões e uni-los da forma que mais lhe agradar.

Exemplo 8e

Licks com o Vocabulário de B Menor

Nos próximos exemplos você construirá alguns licks essenciais de rock, para então misturá-los com *power chords* de rock. Além de executar as ideias apresentadas neste livro, tente criar as suas próprias.

O exemplo 8f apresenta um lick clássico de blues rock, utilizado por guitarristas como Angus Young e Joe Satriani. Utilize como referência o diagrama, abaixo, da escala pentatônica menor de B.

B Minor Pentatonic

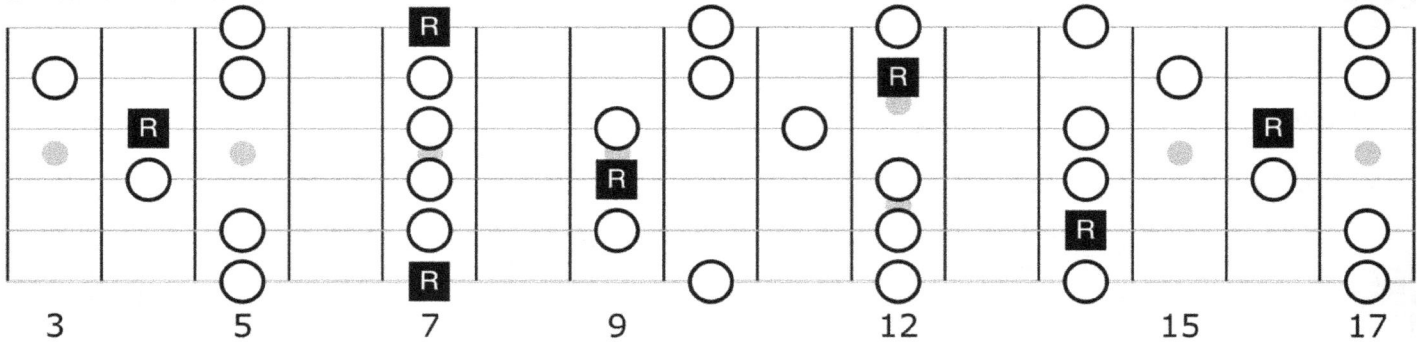

Exemplo 8f

Aqui está outro lick clássico de blues que é sinônimo do estilo de B.B. King.

Exemplo 8g

A escala natural de B menor adiciona as notas C# e G à escala pentatônica menor de B e possui um som de rock clássico. Os dois exemplos a seguir utilizam essa escala.

B Natural Minor

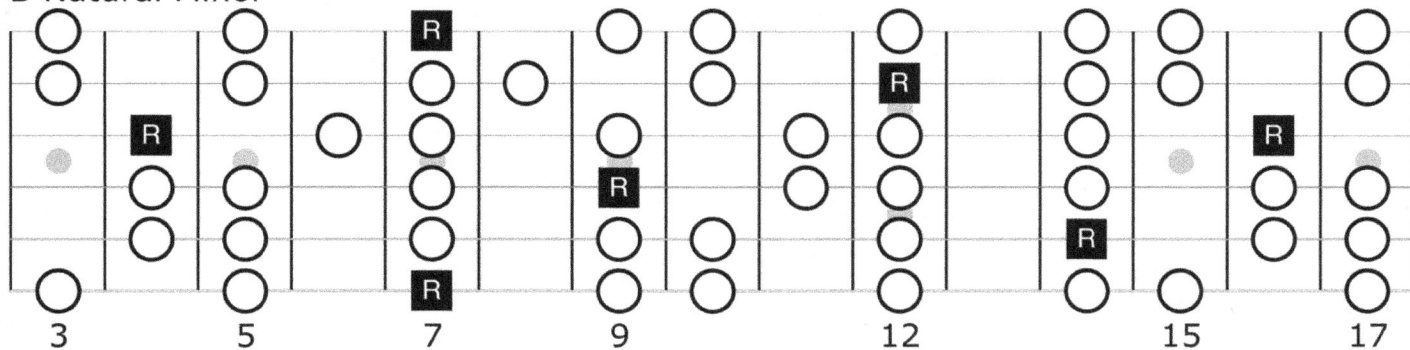

Exemplo 8h

Exemplo 8i

Exemplo 8j

Exemplo 8k

Exemplo 8l

Exemplo 8m

Ao executar um salto de cordas, entre as cordas Ré e Si, o lick adiciona interesse melódico à escala blues de B.

Exemplo 8n

Para aprender mais licks nesse estilo confira o meu livro: **Solos Para Rock Melódico**.

Exemplo 8o

Se você tiver estudado os exemplos deste livro metodicamente, talvez você tenha percebido que funciona bem tocar um compasso composto de ritmo, seguido por um compasso composto de solo. Os compassos um e três apresentam os *power chords* de B5 e D5, tocados com um ritmo de rock clássico. Os compassos dois e quatro utilizam licks baseados na escala pentatônica menor de B e na escala blues.

Exemplo 8p

Como guitarristas, temos a tendência de forcarmos nas tonalidades menores, porém também é importante saber como tocar progressões de acordes maiores. O exemplo 8q apresenta a seguinte progressão de acordes: B5, F#5, G#5 e E5. Esse é um padrão comum no pop rock. Lembre-se, o que eu compus é apenas um guia. Você pode alterar qualquer exemplo, para deixá-lo do seu gosto.

Licks com o Vocabulário de B Maior

Aprenda os licks a seguir, baseados na escala pentatônica maior de B, tendo como referência o diagrama abaixo.

B Major Pentatonic

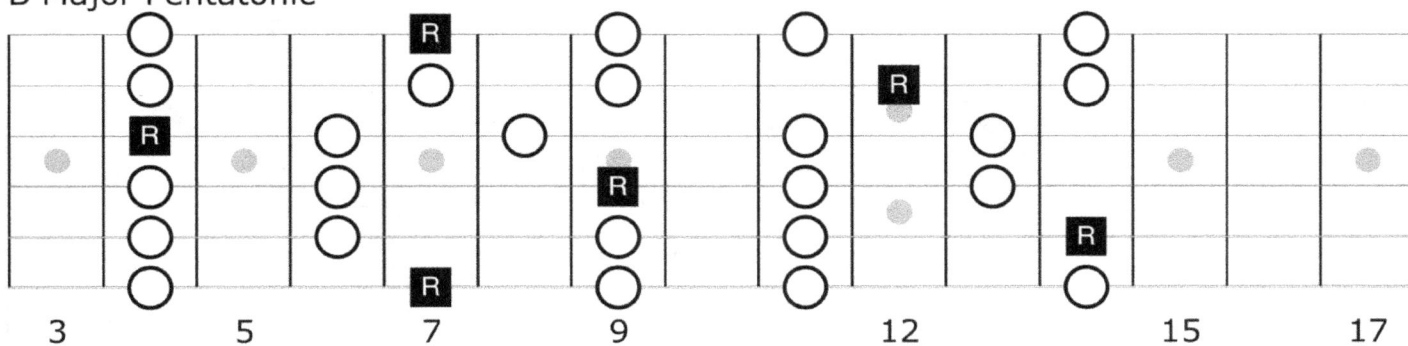

Exemplo 8r

Exemplo 8s

Nos próximos dois exemplos, comece tocando lentamente e siga as instruções de palhetada, quando estiver executando os padrões de legato. Utilize um metrônomo em cerca de 50 BPM e apenas aumente a velocidade quando você puder tocar o exemplo perfeitamente três vezes seguidas.

Exemplo 8t

Exemplo 8u

Esse lick simples com *double-stops* é fácil de lembrar e funcionará excepcionalmente bem como uma passagem entre os *power chords*.

Exemplo 8v

Exemplo 8w

Exemplo 8x

Exemplo 8y

O exemplo 8z combina a sequência de *power chords* maiores, B5, F#5, G#5 e E5, com uma mistura de licks na pentatônica maior de B e frases já estudadas neste capítulo.

Uma variação muito legal do desenho padrão de um *power chord* é a chamada "*power chord* com uma nona adicionada (add9)". Andy Summers tornou esse desenho de acorde famoso ao utilizá-lo na faixa *Message in a Bottle*, do The Police. O *power chord* com add9 soa muito bem com ou sem distorção e também pode ser utilizado para substituir acordes maiores ou menores. Para montá-lo, você simplesmente adiciona a nona da escala de B maior ao acorde original. No caso da escala de B maior, a nona é a nota C#.

Para saber mais sobre teoria musical, confira o livro de Joseph Alexander: **Guia Prático De Teoria Musical Moderna Para Guitarristas.**

Exemplo 8za

No exemplo 8zb, há outro *power chord* com o qual você pode fazer experimentos. Popular em bandas de rock e pop, esse desenho de *power chord* de três notas tem um som bem cheio. Você pode considerá-lo como o *power chord* de E5, de duas notas, com uma nota B grave adicional.

Exemplo 8zb

O exemplo 8zc apresenta uma sequência de acordes no estilo do The Police, utilizando um padrão de arpejo. Recomendo que você toque as notas do meio dos acordes com o dedo dois, em vez do dedo três.

Exemplo 8zc

Quando eu estava estudando na *Guitar Institute*, escrevi um riff chamado *Space Travel*. Ele combina os *power chords* de Badd9 e Gadd9 com passagens em B menor. Preste atenção especial à notação indicando as direções da palhetada.

Exemplo 8zd

Eu chamo o *power chord* de duas notas a seguir de "o acorde de passagem de Brian May", visto que o encontrei pela primeira vez na música *One Vision*, do Queen. Em vez de tentar memorizar o seu nome, pense nele como um acorde de passagem em B menor. O seu efeito tornar-se-á mais evidente, quando ele for utilizado com contexto.

Exemplo 8ze

Esse exemplo combina o *power chord* de B5 de duas notas com o acorde de passagem de Brian May e com uma passagem na escala pentatônica menor de B.

Exemplo 8zf

Aqui está o mesmo riff, porém tocado em uma corda acima.

Exemplo 8zg

Agora, toque a mesma sequência, porém com as tônicas na corda Ré.

Exemplo 8zh

Para perceber como uma sequência de *power chords* pode ser tocada de diversas formas na guitarra, toque o riff de *power chords* com as tônicas na corda Sol.

Exemplo 8zi

Aqui está o acorde de passagem de Brian May, em um desenho de acorde de três notas.

Exemplo 8zj

Power chords, palhetadas abafadas percussivas e uma passagem na pentatônica menor de B compõem esse lick vigoroso de quatro compassos.

Exemplo 8zk

Uma forma interessante de salientar uma sequência de *power chords* é com a adição de uma passagem no fim de cada compasso. Até mesmo uma simples nota tocada com vibrato é capaz de adicionar interesse musical ao seu estilo.

Exemplo 8zl

O último exemplo deste capítulo utiliza uma sequência de *power chords* em B maior, com passagens baseadas na escala pentatônica maior de B.

Exemplo 8zm

Há uma grande quantidade de informação neste capítulo, portanto consulte-o frequentemente. Procure músicas que utilizem *power chords* e comece a adicionar passagens e padrões entre eles. Isso será muito benéfico para o seu regime de estudos, para as suas performances e para o seu processo de composição de riffs.

Capítulo Nove – Notas Pedais

Um "pedal" é uma nota que soa continuamente, embaixo de outras notas. A ideia a ser estudada neste capítulo é a de tocar uma nota com uma corda solta e deixá-la soar tanto quanto possível. A nota pedal funciona como a tônica, no sentido de ser base para licks de solo.

A maioria dos exemplos deste capítulo é tocada com uma nota pedal na corda Mi (6ª corda) solta, combinada com o modo mixolídio de E e com as escalas de E maior e blues. Quando você estiver se sentido confortável com essas escalas e com as notas pedais, sinta-se livre para expandir os exemplos para outros padrões e desenhos de escala que você gosta.

No exemplo 9a, montei uma escala blues de E com múltiplas oitavas, com a corda Mi (6ª corda) soando continuamente. Permita que a corda soe tanto quanto possível por trás das notas da escala. Talvez seja necessário que você palhete a corda Mi (6ª corda) mais de uma vez, para mantê-la soando, enquanto você percorre a escala. Ouça o áudio incluso neste livro para observar qual o efeito a ser alcançado.

Exemplo 9a

Bandas como Metallica frequentemente utilizam notas pedais embaixo de *power chords* para criar um efeito poderoso. O exemplo 9b exemplifica isso com uma passagem na escala blues de E.

Exemplo 9b

O acorde de E7#9 é sinônimo de Jimi Hendrix e é frequentemente chamado de "o acorde de Jimi Hendrix". Esse vamp no estilo de Jimi Hendrix combina notais pedais, o acorde de Jimi Hendrix, passagens na escala blues de E e *power chords* de duas notas.

Exemplo 9c

O exemplo 9d apresenta tríades (acordes com apenas três notas) de E menor, D e C; além disso, ele preenche as brechas com notas da escala blues de E. Estude os diagramas abaixo, para entender como os desenhos dos acordes com pestana são transformados nas tríades do exemplo a seguir.

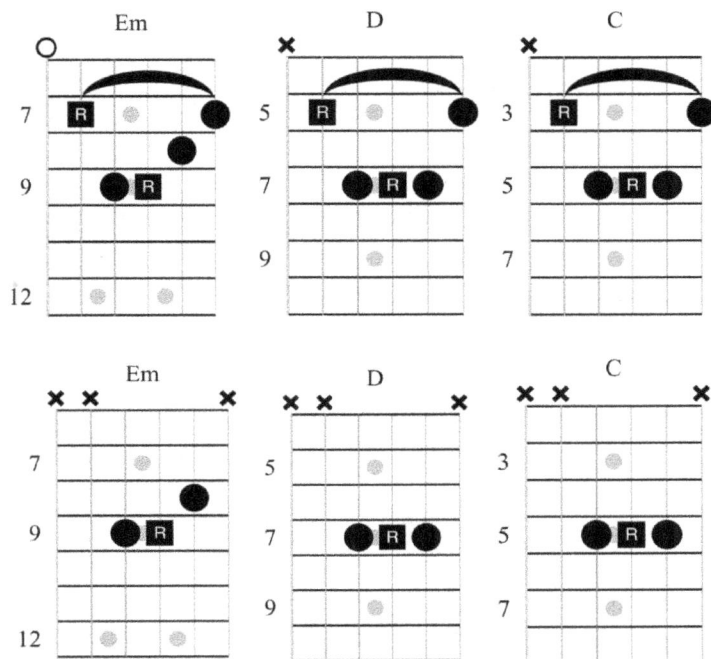

Exemplo 9d

No próximo exemplo, mostro como você pode empregar padrões de *double-stops*, utilizando a escala blues de E, com a nota pedal na corda Mi (6ª corda) solta.

Exemplo 9e

Agora, examine o padrão na escala de E maior, com múltiplas oitavas, e permita que a corda Mi (6ª corda) solta soe tanto quanto possível. Palhete novamente a referida corda, se a sua nota deixar de soar.

Exemplo 9f

O lick a seguir, baseado na escala de E maior, combina *slides* e legatos com a nota pedal E grave.

Exemplo 9g

Na música *Buck Rogers*, do Feeder, uma nota pedal na corda Mi (6ª corda) solta é tocada. O próximo exemplo está no estilo do riff de abertura daquela faixa e inclui *slides* e vibratos.

Exemplo 9h

O próximo exemplo soa bem, quando tocado com o dedilhado ou com a palhetada híbrida (palheta e dedos). A combinação de nota pedal, *double-stops* e harmônicos na 12ª casa cria uma ideia fluida de pop rock.

Exemplo 9i

Na música, há três tipos principais de acordes: maior, menor e dominante. A escala blues de E funcionará bem com todos os acordes de E menor, a escala de E maior funcionará bem com todos acordes de E maior e o modo mixolídio de E funcionará bem com os acordes dominantes.

Ao tocar escalas com uma nota pedal e aprender desenhos de escalas com múltiplas oitavas, você pode começar a pensar "fora da caixa".

O exemplo 9j apresenta o modo mixolídio de E, com múltiplas oitavas e a nota pedal E grave.

Exemplo 9j

O exemplo 9k lembra o estilo de Slash. Ele possui um ritmo de funk rock e utiliza notas pedais com o modo mixolídio de E.

Exemplo 9k

Quando estiver estudando o exemplo 9l pela primeira vez, ignore as notas abafadas, marcadas com um "X". Em seguida, ouça o ritmo no áudio incluso neste livro e toque o exemplo sem abafar as referidas notas. Conforme você for se sentindo confortável com esse padrão, adicione as palhetadas abafadas.

Há vários anos, quando o *dubstep* se tornou popular, eu fui desafiado por um produtor musical a compor uma parte de guitarra que pudesse se ajustar aos vários tons sonoros e crescentes que ele estava compondo. Assim, utilizei a nota pedal D e um padrão de *slides* que apresentava os acordes de D menor, Bb e C.

Eu nomeei essa peça "*Dub City*". Permita que a corda Ré solta soe tanto quanto possível e faça *slides* limpos e precisos. Utilize os exemplos exibidos neste capítulo para criar as suas próprias peças, baseadas em uma nota pedal executada com uma corda solta. Lembre-se, se você não conseguir encontrar uma nota em uma corda solta, na tonalidade que você precisa, basta utilizar o capotraste.

Exemplo 9m

Parabéns! Você conseguiu! Espero que você tenha descoberto uma riqueza de novas ideias neste livro, que combinam guitarra rítmica com solo, as quais você poderá consultar por anos. Como tudo na guitarra, essas técnicas exigem esforço, no entanto, como sempre eu digo: "Quanto mais tempo você dedica à guitarra, mais ela se torna sua amiga".

Lista de Conferência

Agora que você já terminou o livro, teste os seus conhecimentos para saber se você pode executar as técnicas a seguir, sem consultar os seus respectivos capítulos. Se isso não for possível, não se preocupe: apenas consulte o respectivo capítulo e revise o conhecimento da técnica em questão desta lista de conferência.

- Você é capaz de combinar licks com acordes maiores e menores?

- Você é capaz de utilizar o capotraste e criar sonoras sequências de acordes em qualquer parte do braço da guitarra?

- Você conhece a estrutura de um blues de doze compassos?

- Você é capaz de tocar progressões padrões, menores e em blues gospel?

- Você se sente confiante com os power chords de duas e três notas, com as suas respectivas construções e com as suas aplicações?

Acompanhar o seu próprio progresso na guitarra é muito importante, porém frequentemente é algo subestimado. Retorne continuamente a essa lista de conferência e foque nas áreas onde você sinta mais dificuldade, em vez de apenas se concentrar nos seus pontos fortes.

Conclusão

Agora você deve estar nadando em um oceano de novas ideias e possibilidades. Recomendo que você crie um diário de licks em vídeo, para servir-lhe de referência. Filme-se tocando os seus licks e, se possível, escreva-os em notação musical ou em formato de tablatura. Dessa forma, daqui a seis meses você terá meios de comparar a sua evolução na guitarra. Além disso, isso irá lhe permitir revisar os licks que talvez você tenha esquecido.

Pratique o que você desconhece e não aquilo que você conhece! — Esse é simplesmente o melhor conselho que tenho para lhe dar como músico. Utilize um metrônomo para lhe ajudar a dominar cada exemplo deste livro e escute as faixas inclusas para adicionar uma abordagem mais musical aos seus estudos.

Algo muito importante é tocar com outras pessoas, portanto tente encontrar um tempo para tocar com outros músicos, enquanto desenvolve as suas habilidades com este livro. Tocar com outros músicos é a melhor forma de melhorar a sua técnica na guitarra.

A minha paixão na vida é ensinar as pessoas a tocar e expressar a si mesmas, através da guitarra. Se você tiver qualquer dúvida, por favor, entre em contato, e eu farei o meu melhor para responder-lhe o mais rápido possível.

Você pode me contatar através do email: **simeypratt@gmail.com** , ou através do canal no YouTube: **Fundamental Changes**.

Divirta-se!

Quiz de Pop – Respostas:

- E G A Bb B D.

- Duas notas tocadas ao mesmo tempo.

- Começando com um metrônomo em cerca de 50 BPM, antes de aumentar a velocidade.

- A C D Eb E G.